これは、子馬に乗っている子どもです。

春の野の小径《こみち》を、足どりも軽く進んでゆきます。

少し前まで、おじいさんがいっしょに歩いていましたが、途中で別れ、今はひとりと一頭だけです。

子どもは一通の手紙を持っています。でも、むずかしくて読めません。

「この先出会った人に手紙を見せれば、道を教えてもらえるからね」と、おじいさんは言いました。

子馬は行き先をちゃんと知っているかのように、ぽくぽく進みます。

ひとりと一頭は、今はただ、歩むことを楽しんでいます。

Sannen no hoshiuranai
Taurus
2024-2026
Ishiiyukari

3年の星占い
牡牛座
2024-2026

石井ゆかり

すみれ書房

はじめに

こんにちは、石井ゆかりです。

本書は2024年から2026年の3年間、牡牛座の人々が歩んでゆくかもしれない風景を、星占いを用いて描いた1冊です。

3年という時間は短いようで長く、奥行きも深く、ひとまとめにして描き出すのは容易ではありません。本書はシリーズ4作目となるのですが、どう書けば読者の心に生き生きとした「3年」が浮かび上がるだろう、と毎回悩みます。短い小説を書いてみたり、おとぎ話ふうに仕立てたりと、これまでさまざまに試行錯誤してきました。

そこで今回たどり着いたのが「シンボル（象徴）」です。

世の中には「シンボル」がたくさんあります。「フクロウは『不苦労』で縁起がよい」「鳩は平和のシンボル」など、置物やお菓子のモチーフになったりします。ニューヨークの「自由の女神像」のような大きなものから、襟元につける小さな「てんとう虫のブローチ（幸運を呼ぶ）」まで、人間は森羅万象、ありとあらゆるものに「意味」を見いだし、それを自由自在にあやつって、ゆたかな精神世界を編み上げてきました。

象徴など信じない、という科学的思考のはびこる現代社会にも、たとえば「国旗」「県の花」などがバッチリ制定されていますし、会社を設立すればたいていは、すぐにロゴとマークを制作し、名刺などに刷り込みます。これらも立派な象徴、シンボルです。現代を生きる私たちも、まだまだシンボルを手放したわけではないのです。

実は「双子座」「蟹座」などという星座、さらに「木星」「土星」などの惑星も、私たちがそこに意味を見いだした象徴、シンボルそのものです。

「シンボル」には、いい意味も悪い意味もあります。たとえば「サル」は賢さを象徴する一方で、ズルさを表すこともあります。たいていのシンボルは両義的、つまり吉凶、善悪の両方が詰め込まれています。

「シンボル」に与えられた「意味」を調べるのは、辞書で単語の意味を引くのに似ていますが、その広がりは大きく異なります。シンボルはそれぞれがひとつの宇宙のようで、そのなかに実に豊饒な世界を内包しているからです。

さらに、シンボルは想像力、イマジネーションでできあがっているので、外界に対してかたく閉じているわけでもなければ、その世界のサイズが決まっているわけでもありません。どこまでも広がっていく世界、ときには外界から新風さえ吹きこむ世界が、シンボルの抱いているミクロコスモスなのです。

たとえば「双子座の人」「乙女座の人」と言ったとき、その人々のイメージをひと言で限定的に言い表すことは、とてもできません。同じ双子座の人でも、その個性はさまざまに異なります。でも、そこに何かしら、一本似通ったベースラインのようなものが感じられたとしたら、それこそが「双子座」というシンボルの「軸」の感触なのです。シンボルとはそんなふうに、広がりがあり、開かれてもいる「世界観」です。

多くの人が、好きな数字や花、なぜか自分と近しく感じられる場所などを、心のなかに大切にあたためて「特別あつかい」しています。あらゆる物事のなかから特別な何かを選び出し、自分とのふしぎな結びつきを読み取る心が「象徴」の原点にあるのだろうと私は考えています。どれだけ科学技術が発達し、多くの人が自然科学にしか「エビデンス」を求めなくなっても、人の心が象徴を追いかける仕組みは、なかなか変わらないだろうと思います。

この3年間を生きるなかで、本書の軸となった「シンボル」が読者の方の心に、やさしい希望のイメージとしてよみがえることがあれば、とてもうれしいです。

3年の星占い―牡牛座―2024年-2026年 ◎目次

第1章　3年間の風景

ブックデザイン
石松あや
（しまりすデザインセンター）

イラスト
中野真実

DTP
つむらともこ

校正
円水社

1

3年間の風景

3年間の風景

冒頭の「子馬と子ども」は、牡牛座の２０２４年からの3年間を考える上で、私が選んだ「シンボル」です。「なぞなぞ」のようなもの、と言ってもいいかもしれません。

以下にキーワードをいくつか挙げながら、「なぞなぞのたねあかし」をしてみたいと思います。

・自由なスタート

――子どもが子馬と進んでゆく

「3年」の入り口の2024年、あなたは何ものにもとらわれない、ごく自由なスタートラインに立っています。

もといい「立っている」のではなく、「すでに進みつつある」状態です。子馬と子どもが野原を進みつつある、その様子にそっくりです。

なぜ、大人の人間と成長した馬ではなく、「子馬と子ども」なのでしょうか。

それは、2024年が本物の、純粋な「スタートライン」だからです。

一切のとらわれがなく、純粋無垢で、どこにでも行ける状態だからです。


大人は、さまざまなしがらみを生きています。

旅に出るには理由や目的を必要としますし、「どこに向かうのか」を知っていなければなりません。

その点、子どもは「なんのために？」を問われにくい存在です。

子どもの仕事と言えば「遊び」ですが、遊びには目的はありません。「なんのために遊ぶのか？」という問いは、ナンセンスです。

この時期のあなたもそれに似ています。

「なんのために？」「どこに向かって？」という問いが、ここでのあなたには、あまり意味がないのです。ただ進みたいから進むのです。

子馬も子どもも、可能性の塊です。これからどんどん成長します。教育次第では、特別な才能を開花させるかもしれません。

とはいえ今の段階では、すばらしいポテンシャルに満ちていながら、まだそのすべてが開かれていません。いわば「何にでもなれる」状態です。

こうした「何ものにもとらわれない、純粋なスタート」が可能になっているのは、2018年ごろからのあなたの奮闘のたまものです。

この間、あなたはずっと「自由」を模索してきました。

「自由」のために、さまざまなしがらみを手放したり、重たい荷物を処分したり、自分を縛るような価値観を捨てたりと、大人らしいつながりを切り離し続けてきたのではないかと思うのです。

世間体や、勝ち負けや、肩書きや、見栄や、プライドや、引き受けすぎている役割、無用の人間関係、考えすぎや思い込み、コンプレックスその他もろもろの「大人」をがんじがらめにする力を一つひとつ解除して、今や、気がつけば小さな子どものように、のびやかな気持ちを手に入れたのではないでしょうか。

その「自由」をかなり完全なかたちで実行できるのが、この「3年」です。

もっと言えば、この3年のなかで、あなたは「自由を模索する」こと自体からも、自由になれます。

自由を見つけたあとはもはや、自由を探さなくてもよくなるのです。

もちろん、この話は大きな比喩であり、部分的なことです。

現実のなかでは、私たちはそれほど自由にも、無垢にもなれません。責任があり、義務があり、そこらじゅうに他者がいます。

それらすべてを手放して、子どものような自由に立ち返る、などということをしたら、生活できません。

でも、あなたの今の心情や生活を、たとえば5年前、10年前と比べてみると、どうでしょうか。

背負うものが減り、縛る力が少なからず弱くなっているのではないでしょうか。かつてあれほど抱え込んでいたものが、いまは半分くらいになっているなら、それはあなたの「自由への模索」の成果です。

また、2023年までにあなたは、何かしらの難事業を「卒業」したのではないでしょうか。

ある役割を果たしきって後進に譲ったり、担い続けてきた任務を「完了」したりと、自分の手で終わらせたことがあるだろうと思うのです。

そんな「卒業」のあと、2023年なかばから2024年なかばにかけて、あなたは新しい世界に「入学」または「進級」したような状態になっています。そこではまだ、これから何が起こるのか、すべては見えていません。

２０２４年の「自由な、純粋無垢なスタート」はそんなふうに、「終わりのあとにくる、始まり」でもあります。

・あたたかな世界へ

――春の野をゆく

2024年から2026年にかけて、あなたの世界は「冬から春へ」の変化に似て、だんだんあたたかくなっていきます。

2024年の段階ではまだ、冬の気配が残っているかもしれませんが、2025年にはたしかな雪解けを、2026年には完全な春の到来を感じられるはずです。

これはもちろん、ロングスパンでの比喩です。

おそらく２０１８年ごろから、あなたはさまざまなものを手放し、切り離し、「リリース」してきたはずです。

さらに２０２０年からは、「王者の孤独」のようなものを経験してきたかもしれません。社会的立場・役割が重みを増したことによって、周囲から孤立したような思いを強くしたのではないでしょうか。

また、前述の「卒業」のプロセスでは、なじみの人間関係からの離脱を余儀なくされた人もいるでしょう。

このような「分離、抑制、離脱」のプロセスがこの3年間で、完了します。

そして、溶け合える世界、迎え入れられる場に、段階的に出会っていくことになります。

すなわち「あたたかくなってゆく」のです。

とはいえ前述のとおり、2024年の段階では、まだ冷たさが随所に感じられるかもしれません。

「仲間・友」と呼べる人の数は少なく、年齢が離れていたり、物理的な距離があったりと、交友関係にはさまざまな制限があるでしょう。あたかも「子馬と子ども」が「おじいさんと別れたばかり」だったように、サポートし、導いてくれる人の存在は、どこか遠くて、不可解でもあります。

でも、この状態は2025年を境に様変わりします。

2025年から2026年にかけて、あなたはゆたかなコミュニケーションに恵まれ、帰るべき場所を得て、まさに春のぽかぽかした縁側のような、心から安心できる世界にたどり着けるでしょう。

その場所への道行きは、2024年の年明けには、もう始まっています。

・心配事の少ない道行き

――出会った人に手紙を見せると、道を教えてもらえる

この3年のあなたは、さまざまな「恵み」に守られています。

2024年は何かとうれしいことが多いでしょうし、2024年なかばから2025年なかばは経済的に恵まれます。

さらに2025年なかばから2026年なかばは身近な人たちのサポートを受けやすく、物事がとてもスムーズに展開します。多くを学べる時期で、さまざまな立

場の人々が「先生」をかって出てくれるでしょう。

２０２６年なかば以降は、あたたかな居場所を得る時間で、こちらも幸福感がただよいます。

２０２４年のスタートラインで、あなたは「自分には何もない、何も持っていない」と感じているかもしれません。ですがふしぎと、不安は少ないだろうと思うのです。

進んでゆくにつれ、不足しているものは自然に補われます。

新しく始めたことには早めに収穫がありそうですし、どちらに進めばいいかわからないときは、年長者や先達のアドバイスを得られます。

このフレッシュな道行きは、徒手空拳《としゅくうけん》でありながら、妙に「安心・安全」なのです。

たとえば、大人ならば「自分でやらなければ」とプレッシャーがかかるような場面でも、子どもひとりならだれかが手を差し伸べ、助けてくれます。やり方を教えてもらったり、保護してもらったり、何かと面倒を見てもらえます。

2024年からの牡牛座の人々はおそらく、そうした「人々からの助け」に恵まれやすいのです。特に目上の人、年長者、責任ある人々が、あなたの味方になり、友となってくれます。


これはもちろん、あなたが「子どもあつかいされる」「見下される」という意味ではありません。

ただ、あなた自身が「初心に返る」ことで、周囲の人たちとの関わり方が変化する可能性はあります。

たとえば、偉そうにしている人や「なんでも知っている」ふうな態度の人、自分の知っていることの世界だけに閉じこもろうとする人には、まわりの人々もなかなか、手を差し伸べようとは思わないでしょう。

その点、2024年からのあなたは、とても純粋で素直な表情を見せるようです。ある世界を卒業して、まったく別の新しい世界で「もっと違う自分になってみたい、新しい自分に変身してみたい」という思いが、あなたと周囲の人々との関係を「開かせる」のです。

・待ってくれている人、場所

――手紙の宛て先

この3年の道行きの「ゴール」、すなわち2026年の到達点は、「居場所・家」です。つまり、2024年のあなたの旅は、どこか見知らぬ世界ではなく、あたたかな「帰るべき場所」へと向かう旅なのです。

文字どおりの「帰り道」のようなルートを行く人もいるはずです。あるいは、新

たな家族を得たり、新たな住処《すみか》を作ったりして、新しく「居場所」を建設し、根を下ろすプロセスを歩む人もいるでしょう。

さらには、2026年なかばまで「放浪の旅」のような歩みを楽しむ人もいるかもしれません。どこへともなく進み、おもしろいもの、楽しそうなこと、仲良くなれる人を探して、あちこちさまよい歩くことになるのかもしれません。

ですがそんなヴァガボンド的な暮らしも、2026年なかば以降には変化しそうです。「ここに落ち着いてみようか」と思える場所にたどり着けるのです。

2025年から、牡牛座の人々はもうひとつ、重要な「居場所」を見つけることになります。

それは、自分だけの秘密基地、「心のなかの避難所」のような場所です。

家庭や住処は、身近な人と共有できる場であり、自分以外の人々と作る場です。

一方、「秘密基地」や「心のなかの避難所」は、自分だけの場所です。たとえば、家族とケンカしたとき、一時的にもぐりこんで安心してひとりになれるような場所です。

２０２５年から２０２６年、牡牛座の人々はほかならぬ自分自身のために、そうした「避難所」を求め、手に入れてゆくことになるでしょう。そこでは救いや癒やし、安らぎ、そして、ふたたびみんなと関わりにゆくための力を得られるはずです。

・身軽な旅

――子馬と子どもの旅

牡牛座は「モノ」と関係が深い星座です。
美しいもの、おいしいもの、上質なもの、価値あるもの。
五感に心地良く響くあらゆる「モノ」は、牡牛座の眷属《けんぞく》です。
さらにお金や資産も、牡牛座の管轄です。
ゆえに、牡牛座の人々はごく広い意味で「財」を愛しますし、よりゆたかになろ

うと努力しますし、基本的には「モノを持つ」ことを好む傾向があります。

ですが２０２５年以降、そうした価値観が、変化を見せ始めます。

たとえば、長年にわたり集めてきた趣味のコレクションを、手放したくなるかもしれません。

タンスや押し入れにため込んだたくさんの思い出の品を、片っ端から人に譲りたくなるかもしれません。

「これは自分の生活における必需品だ」と考えていたモノが、もはや不要に見え始めるかもしれません。

今までなら手作りしてきたモノを購入するようになったり、家電を導入して機械に任せたりするようになるかもしれません。

「稼いで貯める」ことへの執着が薄れる人もいるかもしれません。

あるいは、自分以外のだれかの収入を生活の資としていた人が、このあたりから「経済的に自立したい」と思い始める、といった変化が起こるかもしれません。

所有しているモノ、自分の手で獲得するモノ、生産するモノ。稼ぐこと、生み出すこと、貯めること。

これらのモノやことへのまなざしが、大きく変化するのです。

お金の稼ぎ方や使い方が変わり、自分の「力」や時間の使い方が変化します。「ゆたかさとは何か」、そのイメージが大きく変わって、暮らし方の物質的な面が様変わりします。

これまで「ゴチャゴチャとモノがあるほうが落ち着く」と考えていた人が、「これからはホテルライクな住環境を目指そう」と思い始めるかもしれません。「家に縛られているのはつまらない」と、キャンピングカーで旅を始める人もいれば、都会から田舎に引っ越して自給自足的な生活を始める人もいるでしょう。

日々の生活を巡るお金の流れも、こうした変化にともなって、劇的に変わる可能性があります。


こうした「経済活動の変化」は前述のとおり2025年に始まり、完了するのは2033年ごろです。この「3年」のなかではまだ、変化は序の口です。あれこれ可能性を探りながら、新たな道筋を切り開いていくことになります。


「子馬と子ども」は、ほとんど何も持たずに旅に出かけます。

この身軽さは、この先のあなたの経済活動のイメージに通じるものがあります。

モノをたくさん持っていれば安心か、というと、決してそうではありません。実際、現代社会ではリスクを回避するために「モノや家を所有しない」というライフスタイルが浸透し始めています。家を持ち、車や家電を持つことが「夢」だった一昔前とは、隔世の観があります。

牡牛座の人々の生き方と、こうした「所有しない」価値観とは、本質的には相容れないもののように思われます。

おそらく、2025年からの牡牛座の人々に起こる「経済活動・物質的生活の一大変化」は、モノやお金への興味関心がなくなる、ということではないのだろうと思います。

そうではなく、「何を美しいと思うか」「何が心地良いと感じられるか」が変化するのだろうと思うのです。

その変化は、2018年から2025年にかけて起こったあなたの「自由な生き方」から自然とわき出てくる現象です。

絹のドレスを愛してきた人が、ふと木綿の着物に心惹かれるようになる、たとえばそんな転換が起こるのは、そこに「自由」のイメージを見るからです。

もしかすると２０２５年以降、「飛行機にあこがれ、勉強して免許を取り、小型飛行機を手に入れる」といった道を進む人もいるかもしれません。

あなたのなかに生まれた「自由」のイメージがそんなふうに、お金やモノ、力の可能性と重なり合うことがあるのです。

・少数精鋭の仲間

――おじいさんの導き、子馬の存在

２０２４年からの3年間は、「他者」の存在感が希薄です。

これは、この3年間のあなたが孤独にすごす、という意味ではありません。

「おじいさん」や「子馬」のように、身内や仲間との結びつきは、むしろ今まで以上に強まります。

ただ、「いろいろな人と出会ってにぎやかにすごす」というイメージがないのです。

「仲間」は、少数精鋭です。人数がかぎられ、「いつでも頼れる！」というわけではないかもしれません。むしろ、あなたの側が頼られる場面のほうが多いはずです。3年間のなかで、友だちを助けたり、支えたりする立場に何度か、立つことになるでしょう。

さらに、この時期関わる「仲間・友」とは、少し距離が感じられます。たとえば「おじいさん」のように年齢が離れていたり、途中で別の道を進むことになるのかもしれません。

あるいは「子馬」のように、一応心は通じていても、同じ言葉を話さないなど、自分と「同質」の存在ではないかもしれません。

新しい出会いを見つけるより、長いつきあいの相手とじっくり時間を共有することに軸足が置かれます。

また、新たな友と出会っても、「一気に意気投合！」とはならず、時間をかけて少しずつ、距離を縮めていくことになるでしょう。

2025年なかば以降は、暮らしのなかに身近な人がどんどん増えていきますが、それまでは少しさみしい状態に置かれるかもしれません。

あくまで「自分自身」を中心とし、軸として、自分の道を自分だけで歩くことが必要になるのかもしれません。

こうしたことは決して「悪いこと」ではないのが、わかっていただけると思います。

このような人間関係は、いわば「大人の人間関係」「大人の交友関係」です。

子どものころの「友だち」のように、すぐに仲良くなって、成長にしたがってすぐに離れる、といった展開にはならないのです。

時間をかけて関わり、おたがいのあいだに横たわるさまざまな「違い」を乗り越えて、たしかな信頼関係を築いていく、そのプロセスを生きられるのが、この3年です。

これまで経験したことのある「友だち作り」のパターンを、この時期は踏むことができないでしょう。新しい関係の作り方にチャレンジし、「本物のつながり」を編み上げるのが、この時期のテーマだからです。

・熱い野望、遠く巨大な目標
――「馬力」、子馬が成長して持つ力

2024年のスタートラインで、牡牛座の人々は実は、膨大なエネルギーを内包しています。このエネルギーは、日常的理性の範囲ではまったく制御しきれないような、荒ぶるもの、過剰なもの、激しいもののすべてです。

たとえば、馬は大昔から人間のパートナーですが、馬が本気で暴れれば、人間の

ひとりやふたりは簡単になぎ倒すことができます。

馬は上手に飼育し、訓練すれば、ある程度以上によい関係を築くことができます。ですがその一方で、野生の馬は人間の手には負えません。

また、人間の指導になじまない馬もいることでしょう。「12馬力」というように、力の強さの単位ともなる馬の力は、人間に有用に働くこともあれば、人間の命を奪うこともありうるのです。

使い方や制御の仕方によってその結果が大きく変わる、強大な、荒ぶるエネルギー。２０２４年の入り口で、あなたはそうしたエネルギーを人生の中心に据えようとしています。

そしてここから２０４３年ごろまでをかけて、このエネルギーを生ききることが、大きな目標となります。

社会的に大きな成功を収める人もいるでしょう。

莫大な財を手にする人もいるでしょう。

組織や事業など、何かしら大きなものを「築く」人もいるはずです。

大きなものを創ろうとして、創りかけたものに人生を奪われ、いったんすべてを失って、ゼロから人生を立て直し、２０４３年ごろまでに「本当の人生」をつかむ、という人もいるかもしれません。

この時期あなたが乗りこなそうとしているエネルギーは、人を飲み込むような圧倒的なものだからです。


熱い衝動を生きる人、何かに魅入られたように没入する人、御神輿《おみこし》のように担ぎ上げられる人、熱に浮かされたように不思議な活動に巻き込まれる人もいるかもしれません。

あとになってみれば、「なんであんなに夢中になったのだろう？」と自分でも不思議に思えるくらい、この時期の情熱はあなたをとらえて離さないのです。

自分ではリアルタイムで「熱くなっている」という自覚も持てないかもしれません。まるで当たり前だというように、涼しい顔ですべてを蕩尽《とうじん》して、あとになって「自分は熱狂していたのだ」とわかるのです。

この時期起こることは、ギリシャ神話の、英雄オデュッセウスとセイレーンの物語を想起させます。

セイレーンは美しい歌声で船員や旅人を惑わす、海の魔物です。

セイレーンのいる海域を通りかかろうとしたオデュッセウスは、部下に耳栓をさせ、自分を柱に縛りつけさせました。

彼はセイレーンに惑わされたくはなかったものの、その歌声を聴いてみたかったのです。

セイレーンの歌が耳に入ると、オデュッセウスは暴れ出しました。ですが、しっかり柱にくくりつけられていたため、耳栓をした部下たちはその海域を問題なく通り過ぎることができたそうです。

自分のなかの荒ぶるものを、どう生きるか。

オデュッセウスは知恵をもって難を免れましたが、もし「荒ぶるもの」がセイレーンの歌声のように、一時的な惑わしではなく、自分の人生の根幹に関わる転機や変革の衝動であったなら、ただ「自分を縛り上げる」だけでは、その場所を通り過ぎることはできないだろうと思います。

自分はこの世で、どんな力を持つことができるか。

自分が実現できることは、どれほど大きいのか。

自分はどんな場所まで行けるのか。

それをとことんまで試してみたい、というのは、人間の自然な欲求なのかもしれません。

２０２４年以降、あなたは「それを教えてあげよう」という魅惑的な声を、何度も耳にするはずです。その先で何が起こるかは、身をもって体験するしかありません。

オデュッセウスのように、あらかじめ「セイレーンの声を聴けば、こうなる」といった情報を得るわけにはいかないのです。

また、もしそうしたことを教えてもらえたとしても、実際にそれを自分で生きてみずに「自分の人生を生きた」とは言えないだろうと思うのです。

どんなに危険でも、セイレーンの声を、わが耳で聴いてみたい。

このオデュッセウスの衝動は、人生の真実の一部です。単に危険を避けたいだけなら、彼もまた、耳栓をすればよかったのです。

２０２４年以降のあなたの世界にも、そんなテーマが随所に浮上するはずです。ただしそこでは、オデュッセウスのようにただ「安全に航行する」ことだけが目標とはなりません。

この時期あなたが耳にするのは、見知らぬ魔物の理不尽な声ではないからです。その声はあなたの人生のポテンシャルがあなたを呼ぶ声であり、あなたを乗せた奔《ほん》馬《ば》があなたを誘う声だからです。

2

1年ごとのメモ

2024年

・3年間でもっともハデな時間

2024年から2026年のなかで、牡牛座の人々にとってもっとも「ハデな時間」が、2024年です。

2024年にドカンと大きな変化が複数起こり、ここで起こったことがそのままある意味ストレートに展開してゆくのが2025年、2026年なのです。

2024年に思いきった計画を立て、果敢に実行に移したあと、2025年から2026年はその活動が「うまく転がっていく時間」というイメージです。

2024年にみなぎるいい意味での緊張感、エネルギー感が、2026年にはだいぶ落ち着いて、「穏やかに軌道に乗ってきた」という感触に変わるでしょう。


何事も、「始まり」は泣き叫ぶ赤ん坊のように、活き活きしてキラキラしていて、不安定で、印象的です。2024年はそういう意味で、とても印象的な、インパクトの強い時間帯です。

・年の前半は「スタートの時間」

2023年5月、牡牛座の人々は「約12年に一度の、人生の一大ターニングポイント」に入りました。この大転機が2024年5月26日まで続きます。

古くから「大吉星」とされる木星が牡牛座に巡ってきているこの時間は、一般に

「幸運期」と言われます。

ですが、私はもう20年以上、この時間をあえて「耕耘期《こううん》」と呼んできました。なぜなら、木星が巡ってくる時間は「その時間だけが、タナボタのように運が良い」というわけではないからです。木星は、その先約12年をかけて大きく育ててゆける「幸福の種」をまいてくれるのです。

ゆえに、木星が巡ってくる時間は、向こう12年のサイクルのスタートラインです。あなたの可能性の畑から、古い苗や枯れ木、邪魔な根っこ、よぶんな石などが取り払われ、しっかり耕されます。

ゆえにこの時期は一見、あなたの世界が更地になったように見えるかもしれません。でも、そこにはちゃんと種がまかれていて、意外とすぐに、緑の芽が顔を出します。

2024年の前半は、人生でそうしょっちゅうは起こらないような「一大イベント」が起こりやすい時期です。引っ越し、転職、結婚や出産、独立、大きな買い物など、思いきって人生を変えるような選択をする人が少なくないはずです。これらのイベントはすべて「スタート」です。

たとえば卒業式と入学式が至近距離に置かれているように、「スタート」は一見、「終わり」のように見えることもあります。

古い環境から離脱したり、やっかいなしがらみを断ち切ったりと、失われるもの、リセットされるものもいくらか、あるかもしれません。

何十年も勤めた職場を退職する、というようなときは、たとえそれがみずから望んで選択した道であっても、「築き上げたものを、すべて失った」というような実感がわいてくるものだろうと思います。

でも、やはりそれは「終わり」ではなく、新たな始まりです。

すでに一歩踏み出して、少しうしろを振り返っても、またさらに一歩、二歩と、未来へ歩んでゆけるのです。

特にこの時期の牡牛座の人々は、大胆な選択をする傾向が強くなっています。というのも、あなたのもとには木星だけでなく、すでに２０１８年から天王星が位置しているからです。

木星も天王星も「自由」と関係が深い星です。

２０１８年ごろからひたむきに模索し続けた「自由」を、２０２４年前半に、現実的かつ具体的なかたちで実現する人も少なくないだろうと思います。

それは、重力圏から離脱するような、脱獄するような感触をともなうアクションかもしれません。ロケットで大気圏外に飛び出るように、熱く輝く衝撃が走るかもしれません。

・5月末以降「所有と獲得の時間」へ

「意外と早く緑の芽が出る」と前述しましたが、2023年5月から2024年5月のあいだにまいた種から芽が出て、最初の収穫ができるのが、それに続く1年です。

2024年5月末から2025年6月上旬までは、平たく言って「金運のよい時期」です。

「金運がよい」と書くと「では、宝くじを買おう！」と反応する人がいますが、この時期の「金運」は「宝くじ」とは少し方向性が違うかもしれません。というのも、ここでの「金運」は、自分の手でつかむもの、稼ぎ出すもの、創造するものと結びついているからです。

収入が増える人、新たな収入の道を見つける人が多いでしょう。「手に職をつける」人、自分が生み出したものが収入につながる人もいるはずです。

臨時収入があったり、何かと「オマケ」がついてくるようなこともあるかもしれません。

さらに、大きな買い物に挑戦する人もいるでしょう。不動産や車など、あまり気軽には購入できないようなものを、気合いを入れて入手することになるかもしれません。じっくり調べ、資金計画を立てて、多少「賭け」の要素を引き受けながら、価値あるものを手にできるときです。

収入を得るときも、大きな買い物をするときも、「それをどう使うか」というテーマがくっついてきます。

お金が入ったら使いみちをきちんとコントロールしなければなりません。

買い物をすれば管理運用、メンテナンスを考えなければなりません。

ゆえに2024年なかばから2025年なかばは、「手に入れる」だけでなく「使う」ことも大きな課題となります。

お金が生活全体を流れる血液のようなものだとすると、この血液をどのように「巡らせ続ける」かが焦点となります。

一度手に入れたものをただ一度蕩尽すればいいだけなら話は簡単ですが、「生活」はそれではまわりません。文字どおり、「まわっていく財のサイクルを作ること」が、2024年なかば以降のメインテーマとなる人もいるでしょう。

・本格化する「荒ぶる野心の時代」

本章の冒頭に述べた「2024年がハデな時間」である理由はもうひとつ、「長期的野心がレールに乗る」時間だという点にあります。

ここから2043年ごろにまたがって、牡牛座の人々は非常に大きな目標を達成し、社会的に大きな力を手にすることになるでしょう。

組織や地域、グループなど、自分が所属する集団のなかで、中心的な立場に立つのかもしれません。あるいはリーダーや経営者など「トップ」に立つ人も少なくないはずです。

そうした立場を手に入れるために、ひたむきに努力するあなたがいるのかもしれません。

あるいは自然にそうしたポジションに推戴されたあと、そのポジションの持つ威力や魅力に、あなた自身が支配されるような状態になるのかもしれません。

いずれにせよ、そこであなたは完全には理性でコントロールしがたいほどの、大きな力を手にします。巨大な力を制御するために闘い、自分のものにするために格闘して、最終的にその格闘のなかから、新しい自分を見つけ出すことになります。

このプロセスは長丁場なので、その「なか」に入ってしまえば、あまり意識にのぼることもなくなるかもしれません。

ですが2024年という「スタートライン」では、象徴的な出来事や目立った変化が起こる可能性があります。

自分が何を望んでいるのか、今どんな力を手にしようとしているのかを、できるだけ意識にのぼらせることがだいじです。

古来、無邪気に、イノセントに、まったく悪意なく大きな力を手に入れて、そのままその「力」にあやつられるように破滅していく人々の物語は、たくさんあります。

だいじなのは、悪意が「ない」ことではありません。

自分のなかにもある種の欲望や大それた思い、悪意というのに近い衝動があることを自覚し、さらに人を支配する力、世を動かす力がいったい、本当は何でできているのかということに、意識を向けることなのだと思います。

たとえば自動車に乗る人は、自動車というものの力の強さ、ともすれば簡単に人を傷つけたり命を奪ったりする凶暴性についてまず、学ばされます。

大人は子どもに対し、自分で思う以上に強い支配力・影響力を持っています。子どもを指導しようとする人は、まずそのことを自覚しなければなりません。

それと同じように、社会的に大きな力を持とうとするときには、その力について知ろうとすることが何より、大切であるはずです。

このことは２０２４年だけのテーマではなく、ここから２０４３年まで続く時間全体において、あなたが何度も戻ってくることになるテーマと言えます。

ゆえに、その幕開けのタイミングで、お守りのように心に刻む必要があるのだと思います。

・「関わり」の地下水脈

小学生時代から「ともだちひゃくにんできるかな」と歌わされ、「友だちは多ければ多いほどよい」という価値観を持つ人も少なくありません。

でも、そんなにたくさんの人と本当に、芯からの「友だちづきあい」ができるものでしょうか。

つらいときにはよりそい、困ったときには助け合って、おたがいの本音を打ち明け合えるような相手は、そんなに「たくさん」持てないものではないかと思います。本当の信頼関係は、それを築くのに時間もコストもかかります。労力が要るのです。そう考えると、本当に「友だち」と呼べる相手はおそらく、だれでもそれほど多くはないだろうと思いますし、「ひとりもいない」と感じる人もいるだろうと思うのです。

2024年からの3年間は、そういう意味で「本当の友を作る時間」と言えます。関わりの深度が、たとえようもなく深いのです。

ゆえに、「人数」は制限されるでしょう。

一方、友のために使う時間や労力は増える傾向があります。ここでしか結べない関係性があり、ここでしか育たない相互理解があります。

弱いところを見せ合い、頼り合い、受け止め合っていくことができます。ときには相手に時間を与え、待ってあげなければならないこともあるかもしれません。あるいはあなたが友に、「少し時間がほしい」とお願いする場面もあるかもしれません。

本物の愛情ややさしさは、「忍耐」と不可分です。だからこそ、人間は本物の愛情ややさしさに触れたとき、大きく成長できます。

この3年間での「交友関係」は、精神的・人間的な成長の場です。人間理解が深まり、人を見る目も深化します。

だれもが簡単には理解できない部分、だれにも見せない神聖な部分を持っています。そうした部分をかぎりなく尊重した上でなお、「ともにある」ことが必要なのです。

人が人を必要とすることの本当の意味を、この時期のあなたは新たなかたちでとらえ直すことになるでしょう。

2024年は特に、人間関係における驚きの多い年であり、かつて経験したことのない、新たな試みをする年となるはずです。

・年末から年明けの「生活環境の変革」

9月から2025年6月なかばにかけて、あなたの「居場所」が大きく動くことになりそうです。引っ越しや家族構成の変化が起こったり、長期出張や留学などで一時的に生活環境が変わったりするかもしれません。「いつもの風景」から離れ、新しい環境に身を置く人が多いはずです。

あるいは、生活を取り巻く人間関係が大きく変わる可能性もあります。

たとえば、これまで関心のなかった地域コミュニティでの活動に、深く関わることなる人もいるでしょう。

子育てや介護を通して、日常的に多くの人々と知り会えるのかもしれません。近所の人のお世話をしたり、町内会の役職を引き受けたりと、「地元」での新しい活動が始まることで、同じ場所に生活しながらも「世界が変わる」のかもしれません。

暮らすこと、住まうこと、身近な人々と関わることにおいて、とてもアクティブになれるときです。

何かと呼び出されたり、引っ張り出されたりする経験を通して、人の心に触れる機会が増えます。

「挨拶をするだけだった近所の人」が、いつのまにか「親しい知人」に変わる、といった展開もあり得ます。

「生活」のポテンシャルを引き出せる時間、生活者としての力量が上がる時間と言えます。

2025年

・かきまわされるような「過渡期」

ひとつ手前の2024年が「スタートライン」で、ひとつあとの2026年が「しっかり新軌道に乗る」時間です。

ゆえに2025年は、「スタートしてから軌道に乗るまでの、ちょっとした混乱期」というイメージの時間と言えます。

一歩進んで二歩下がるような、始まりと終わりが混在するなかでグルグルかきまわされるような、そんな時間帯なのです。

新しいものと慣れたもの、未来と過去、近くにあるものと遠いもののあいだを、行ったり来たりすることになるかもしれません。

一度家を出てから、あわてて忘れ物を取りに家に戻るような、そんな展開もあるかもしれません。

新しい場所に少し足を踏み入れたとき、古い場所で起こっていたことの意味がわかり、それらを再評価したくなるかもしれません。

あこがれていたものに幻滅する場面もあれば、見下していたものに救われるような場面もあるでしょう。

慣れたはずのものがよそよそしく感じられる一方で、新しいものが妙に親しみ深く思えるかもしれません。

この時期は価値観も、物事の感触も、とにかく「グルグルかきまわされる」傾向があるのです。

この時期、混乱は「好展開」です。

事前にすべて理解し、細部までキッチリ計画して、計画どおりに進む、などという「理想」は、２０２５年にはまったくフィットしません。

むしろ意外性や想定外の展開にみずから飛び込んでいくようなスタンスが、功を奏するはずです。

すでに持っているものにしがみついたり、現状維持に過剰にこだわったりすることは、エスカレーターを逆走するようなもので、かえって危険なのです。

・虚飾と幻想を取り払う「宇宙旅行」の終着点

２０１８年ごろから「宇宙旅行」を続けてきたような感覚はないでしょうか。

重力から解き放たれ、まったく未知の世界を探して飛び続けているような浮遊感、自由の感覚、そして孤独感もあったかもしれません。

「だれかが待っている場所」ではなく「だれも行ったことのない場所」を目指して進み続ける旅は、解放感にあふれている一方で、「自分が本当は何を求めているのかわからない」という迷走感に包まれる時間も多かっただろうと思います。

２０２５年、そんな「宇宙旅行」が最終段階に突入します。完全に最終地点に到着するのは２０２６年４月なのですが、２０２５年の七夕から11月頭にかけて、「宇宙旅行の終わり」を報せるさまざまな兆候が現れるはずなのです。

この夏から秋の時間に、どのあたりに着陸することになるか、そしてこれまでの旅であなたが何を成し遂げ、何を得たかがだんだん、わかり始めます。

２０１８年からここに至る「宇宙旅行」は、すべてのしがらみを取り払い、ただ純粋な「自分自身」に立ち返るような旅だったかもしれません。

人間はさまざまな肩書きや関係性、多くの荷物、しがらみ、虚飾や幻想を生きる生き物です。そうしたものを極力取り払ったとき、何が残るのか。それを深く知るような体験をした人も、少なくなかったはずです。

2018年まで「これこそが自分だ」と思っていたイメージが、今では少なからず変化しているでしょう。

身軽になり、気楽になり、気負いや背伸びがなくなり、「やっと本当に自分の思いどおりにやれる!」という希望でいっぱいの人もいるだろうと思います。なかには社会的に「ブレイク」を遂げた人もいるかもしれません。

この「ブレイク」は決して、本来のあなたの姿を覆い隠すようなものではなく、むしろ本来のあなたの姿をむきだしにしたところで起こった成功だろうと思います。

・「金運がいい」時間

２０２４年5月末からの「金運がいい時間」が、２０２５年6月10日まで続いています。収入が増えたり、大きな買い物をしたりと、「財が増える・動く」イベントが多くなりそうです。

たとえば、２０２３年後半から２０２４年前半に新しいビジネスを始めて、２０２４年後半から２０２５年前半に軌道に乗り、順調に収益が上がり始めた、といった展開が考えられます。

あるいはここで得られる「収穫」は、２０２２年後半から２０２３年3月ごろの奮闘が遠因となっているかもしれません。あのころがんばったことへの「報酬」「ごほうび」が２０２５年前半にもたらされるのです。

さらに7月から11月頭にかけて、経済活動に新しい予兆が感じられるかもしれません。

「もっと新しい稼ぎ方をしたい」「持ち物やお金に縛られずに生きたい」など、フレッシュな価値観が胸のなかに、キラキラと芽生える気配があります。

この流れは2026年以降、本格化します。

・「フットワークとコミュニケーション」の時間

1年を通して、出かける機会が増えます。家のなかにじっとしていることは、ほとんどできないかもしれません。どんどん外出し、さらに足をのばして、多くの発見があるときです。

欲しいものを手に入れるために、遠征する人もいるでしょう。

目当てのものを探し出すため、たくさんの場所を行脚《あんぎゃ》する人もいるかもしれません。労を惜しまず探しまわるアクションが、あなたの情熱の表現となり、その情熱を見た人々が、あなたの願いを叶えるために、さらに奔走してくれます。この時期のあなたの情熱的なフットワークは、周囲に伝染していくのです。

コミュニケーションも熱く盛り上がります。新たな対話の輪にどんどん飛び込んで、心から語り合える仲間に出会えるでしょう。

人から人へとつながりが広がり、「身内」と呼べる人が増えそうです。そんなにつきあいが長いわけでもないのに、いきなり深い助け合いが起こり、切っても切れない関わりが育つかもしれません。

特に、年明けから春にかけて、人と関わる機会が増えます。

2024年から「交友関係は少数精鋭」の状態が続いてはいるのですが、2025年の頭は少々特殊です。人から愛情や親愛の情を受け取れるときで、あなたの側からもさまざまな「恩返し」ができそうです。

人の輪に参加すること、個人として社会的な場に「顔を出す」ことがこの時期のテーマとなるかもしれません。

2025年から2026年前半はすばらしい学びの季節でもあります。フットワークよく動き回ることも、多くの人と対話することも、すべて学びの手段と言えます。

さらに本を読んだり、多くの知識や情報を吸収したりするなかで、「自分はこれだ！」と思えるテーマ、分野に出会えるかもしれません。

・過去にさかのぼる旅、序章

2月から8月くらいまでのなかで、遠く離れている場所から音信があるかもしれません。

あるいはこの期間、「過去にやり残したこと」から呼ばれるような出来事が起こるかもしれません。

気になりながらも触れてこなかったこと、中途半端なままに放置してきたこと、なかば意識的に忘れようとしてきたことなどが、新しい、不思議なかたちで「起動」するかもしれません。

この「起動」は、まだ２０２５年の段階では「序章」に過ぎません。

この時期聞こえた「過去からの声・遠くからの声」は、２０２６年以降、もっとはっきり聞こえてきます。

ここで「起動」するテーマは、損得や利害関係、現世的な成功などとは、ほとんど関係がありません。

あなた自身の判断によっては「スルー」することも可能だろうと思います。

ただ、この時期聞こえてくる「声」はあなたの心のテーマなのです。

したがって、そのテーマを引き受けなくとも、おそらくあなたの日常生活や社会生活、経済活動などには、ほとんど影響はありません。

ですが、あなたの「人生全体」を考えたときに、そのテーマを「完全スルー」してそのまま進むことは、少しだけ危険なのかもしれません。

なぜなら、人は最終的には、自分自身の心を生きるものだからです。

2026年

・穏やかな、人間関係回復の年

2026年は過去2年に比べると、落ち着いた、あたたかな1年です。

2024年から2025年は、壮大なスタートと、それにまつわる嵐のような混乱、新旧の激しい置き換えのプロセスに巻き込まれていたはずです。

そうしたドタバタが一段落し、長期的な安定軌道に乗れるのが、2026年です。

特に2018年ごろから、「人間関係からの分離」を体験していた人、みずから自立や独立を目指す一方で、さみしさを抱え込んでいた人は、2026年、孤独感やさみしさがやわらぐのを感じるでしょう。冬が終わって春が来るように、ぽかぽかとあたたかな日差しがさし込むのです。

過去数年「安住の地」を探してさまよっていた人も、2026年には「ここだ！」と思える場所にたどり着けるでしょう。あるいは「ここだ！」という場所が見つかるのは2027年前半かもしれませんが、少なくとも2026年中に、その目星くらいはつくはずです。

「安住の地」は、地域や家屋のことだけにとどまりません。

人間関係、人の輪でできた「場」もまた、「安住の地」の重要な構成要素です。2026年のあなたが見いだすのは、物理的な「場所」なのかもしれませんが、それ以上に「人々のなかにある、自分の居場所」なのではないかと思います。

たとえばこの時期に、家族を得る人がいるはずです。パートナーを得たり、子どもを持ったりして、その人たちとの愛の関係のなかに「これこそが自分のいるべき場だ」という思いを強くする人がいるはずです。

あるいはすでにある家族関係のなかで、新しい役割を担う人もいるだろうと思います。介護や後見人のような役割を引き受け、大切な人の人生を守る立場に立つことになるかもしれません。

血縁や地縁などの一切ない人々と、新しい共生関係を築く、といった体験をする人もいるでしょう。

友や仲間も、広い意味で「生活をともにする身内」になり得ます。暮らしを支えてくれる「他者との関わり」が、この時期安定的に紡がれ、軌道に乗ります。

だれかから、愛情をもって頼られることになります。

あるいは、あなたがだれかを、愛をもって頼ることになるのかもしれません。

身近な人と、愛ある継続的ケアの関係を作れます。

人間は長期的に見れば、だれもが「おたがいさま」で生きています。ですがこれを短期的に切り取ると、一方的に助けてばかりだったり、逆に、助けられてばかりだったりするように見えるのです。これは時間による錯覚であり、誤謬《ごびゅう》です。

2026年は、ごく長期的な視野に立って、思う存分助けたり、助けてもらったりすることができます。

その都度少しずつお返しをしようとか、貸し借りを精算しておこうとか、そうした短期的な気づかいをする必要がないのです。

手加減なしに、徹底的にやさしさの授受がおこなわれたとき、人はしばしば、たっぷり食事を取ったときのように「満腹」になります。本物の充足が起こるのです。

2026年のあなたの世界では、愛ややさしさの「満腹状態」が起こるかもしれません。愛情の針が振り切れて、心が本当の自由のなかに解放されるようなシーンが、2026年は生まれやすいだろうと思います。

・前半は「学びと移動の時間」

年の前半は、引き続き「コミュニケーションとフットワークの時間」のなかにあります。2025年後半からのにぎやかな雰囲気が続いており、とてもアクティブに動きまわることになるでしょう。

2025年までの、外界に対する漠然とした警戒心や距離感が、2026年に入ると徐々に消えていきます。「外部の人々は危険で、信用できない」とはたしかに、この世界を生き抜いていく上で重要な認識ですが、同時に「全員が危険な人物だというわけではない」ということも事実です。

実際、だれが信頼できてだれがそうでないのか、見分けるのは至難の業で、とても賢い人でも詐欺師にだまされることはあります。

でも、人間は他者に希望を抱き、友や仲間を探し、信頼関係を結ぶことで、その人生をゆたかに広げていく生き物だと思います。

ただ「宇宙人に会いたい」というだけの思いで宇宙にロケットを飛ばし始めるほどに、人間はさみしがり屋なのです。

2026年、あなたは自分がさみしがり屋だということを再認識し、仲間や身内を増やすために、活き活きと動き回ることになるでしょう。

広くコミュニケーションを重ねるほど、「人を見る目」が鍛えられ、真に信頼に足る人を見つけ出すことができるでしょう。

・後半は「居場所の時間」

年の前半はいわば「出会いの時間」です。

人に出会い、場に出会い、さまざまなテーマや知恵、ジャンルや世界に出会うことができます。

年の後半は、これまでに出会ったものを「自分の世界」に組み込む作業が始まります。

たとえば、引っ越した先に「根を下ろす」作業にいそしむ人もいるでしょう。新たに出会った人々と「身内」としての関係を紡ぎ始める人もいるでしょう。結婚して新居に住み始めただけでは、まだ「家庭」は完成しません。そこで共同生活が繰り返され、体験と時間が積み重ねられてはじめて、そこを「家庭」と呼べるようになります。2026年なかばから2027年なかばは、安定的なひとつの場を育てていくような時間と言えます。

年の後半は、とてもやさしい人間関係が営まれる時間でもあります。必要とし、必要とされることとの深い醍醐《だいご》味《み》を味わえるでしょう。

だれかのお世話をしたり、ちょっとおせっかいかなと思えるような活動に取り組んだりすることになるかもしれません。

あるいは、だれかの好意に甘えたり、助けてもらったりするのかもしれません。

いずれにせよ、たがいの生活のなかに深く入り込みながら、情愛をたっぷりやりとりするようなアクションが重ねられていきます。


この時期の「やさしさ」は、とても忙しいようです。

ここでの「やさしさ」は、たとえば包帯を巻いたり、ごはんを作っていっしょに食べたり、一晩中くっついて話を聞いたり、付き添って役所や病院に相談に行ったりするような、そんなやさしさです。

毎日顔を出して様子を見たり、見守りながら口出しをガマンしたり、相手のゆっくりした変化を待ち続けたりするようなやさしさです。

手を動かし、頭で考え、相手と自分の独立性を大切にしながらおこなわれる、本物の献身が成立するときなのです。

・経済的自由への道

4月末から2033年ごろにかけて、「経済的自由への道」が開かれます。

お金やモノに関して、なんらかの新しい自由を模索する時間に入るのです。

何が「経済的自由」なのかは、人によってさまざまです。

モノを持たないことで自由になる人もいれば、モノを持つことで心が解放される人もいます。

お金で買える自由がある、と主張する人がいます。

お金を持っている人はお金の奴隷である、と語る人もいます。

たぶん、どちらも真実なのです。ただ、その真実は、万人に当てはまるというわけではないのだろうと思います。

また、ひとりの人の人生において、前者から後者へ、後者から前者へと、ある出来事をきっかけにパタンと価値観がシフトすることもあります。

２０２６年４月末以降、あなたはあなた自身の、真の「経済的自由」を探しにゆくことになるのです。

だれかに経済的に依存していた人は、経済的自立を目指すことになるかもしれません。身内を養うために働き続けてきたという人は、「そろそろ自分自身のために生きてみたい」と思い始めるのかもしれません。

お金を稼ぐことに縛られた人生を変えようとする人もいるでしょう。

あるいは、お金への執着を取り戻すことで、人生を塗り替えようとする人もいるかもしれません。

共通しているのは、ここから２０３３年にかけて、あなたの経済活動のスタイル、お金やモノについての価値観に、「革命」が起こるということです。

かつて欲しくてたまらなかったモノに、もはやまったく魅力を感じなくなるかもしれません。「必需品」だったモノが「不要品」に成り果てるかもしれません。持ちものの量が一気に変わり、「何も持たない人生」を見つける人もいるかもしれません。

一方、「自分とは関係ない」と思っていたアイテムが、突然強烈な魅力を持ち始める可能性もあります。高価なモノを手に入れることが人生の目標となる人もいるでしょう。「借家でじゅうぶん」と考えていた人が一転、「持ち家を！」という夢を抱き始めるかもしれません。

伝統的価値観や、子どものころにすり込まれた価値観に素直にしたがってきた人ほど、この時期は経済活動における「反抗期」となる可能性があります。禁じられていたモノが欲しくなり、ワガママを解放したくなります。そうした体験を経て、真の精神的自立、人間としての成熟がうながされるのかもしれません。

・「自分だけの世界」

だれもが自分の「世界観」を持っています。

2026年以降、あなたは自分自身の「世界観」をよりゆたかな、濃密なものとして再構築し始めるかもしれません。

牡牛座の人々のイマジネーションは非常に緻密で、色鮮やかで、具体的です。思い描いたイマジネーションを、数年後、数十年後に、そっくりそのまま現実化する人もいます。

一般に「世界観」は、閉じています。

たとえば劇場空間のように、ライブハウスのように、映画のスクリーンのように、「そのなかだけ」に通用するルールがあり、価値観があります。

「自分だけの世界」を確固として持っている人ほど、他者の意見や時代の変化に、流されにくいものだろうと思います。

この時期以降あなたの作り始める、あなただけの世界観は、人生をゆたかにしてくれるだけでなく、あなたを外界に対して強くしてくれるのです。

3

テーマ別の占い

愛について

２０１８年ごろから人と自分、世界と自分のあいだに、ふしぎな「距離」を感じてきたのではないかと思います。

この「距離」が３年のなかで、変容を始めます。

他者との距離が近くなり、心がやわらかく開かれ、愛が流れ込みやすくなるのです。

さらに２０２５年から２０２６年は、「愛の不思議な縁」が結ばれやすくなります。

ここでの「縁」にはどこか、なつかしさやあたたかさ、ベタな感触があります。新しさや変化を追い求める気持ちが薄れ、なじみ深いもの、こなれたもの、肩の力を入れずに自然体でいられるものと、つながりやすくなるのです。

過去、原点に「回帰」するような動きのなかで、愛を再生させる人も多そうです。

・パートナーがいる人

パートナーとの心の距離が、どんどん近づいてゆきます。

特に2018年ごろから相手とのあいだに距離ができていたり、緊張感がただよっていたり、単独行動が増えたりしていた人は、2025年を境に、そうした「分離」の感覚が徐々にゆるみ、「いっしょにいよう」と素直に思える時間が増えていきそうです。

どこか、理屈先行で、「パートナーシップとは、こうでなければならない」「自立・

自由こそが正しく、依存はまちがっている」といった感覚が強くなっていた人もいるだろうと思います。

そうした理屈がゆるみ、自分や相手の弱さ、矛盾を「ゆるす・受け入れる」ことができやすくなります。器が大きくなり、心がやわらかくなり、思考の上での価値観と、心の求めるものとを、現実のなかで重ね合わせられるようになるのです。

2024年は、あなた自身が人間的に急成長を遂げる時間帯となっています。ここであなたに起こった変化は、パートナーに対してもとても前向きな影響をもたらすでしょう。

パートナーから「表情がやわらかくなった」「やさしくなった」などと言われる場面もあるかもしれません。

言い合いになる機会が減って、おたがいに話をよく聞けるようになるかもしれません。

さらに2025年からは、そのやわらかさ、やさしさに、「距離の近さ」が加わります。

もといい、凛とした、いい意味での緊張感が完全に消えてしまうわけではなく、過去7年ほどのなかで培った新しい考え方・価値観は、今後もあなたのなかで生き続けていくだろうと思います。ただ、そうした「正しさの骨格」に、人間的な血肉がついて、幅が広がり始めるのがこの2025年なのです。

・恋人、パートナーを探している人

「将来」について思いを馳せたとき、「やはり、パートナーがいるほうがいいのではないか」と考え始める人は少なくありません。自立した自由な生き方を実現できていて、「今現在」には満足していても、「これから」のことを考えると「ひとりで大丈夫だろうか?」と不安になり、そこから愛を探すアクションを起こす人はたくさんいます。

２０２４年からの3年間は、まさにそうした心の動きが起こりやすいときと言えます。「これから」の孤独、さみしさ、生活への不安などがカギとなり、「真剣にパートナーを探そう！」という思いがわき上がるのです。

でも、この発想には多くのワナがひそんでいます。

恐怖や不安から避難することと、「愛」を実現することは、遠く隔たったテーマだからです。

実際、「将来への不安」を解消するためにパートナーを選んで後悔した、というエピソードは珍しくありません。

愛を「非現実的な夢」ととらえ、経済的な条件や容姿、年齢などを「現実的な条件」と考えてしまうことで、結果的に現実の幸福から遠ざかってしまうのは、「パートナー探し」の大きな落とし穴です。

パートナーを探すことを現実的目標として掲げたあとで、いったいどのように選択するか。むずかしいことですが、やはり人間は「心」で生きているということを念頭に置くことが大切なのだろうと思います。

この人といっしょならばあたたかく生きていけそうだ、と思える相手でなければ、たとえほかの条件がどんなに望ましくても、いつか後悔する日がくるだろうと思うのです。

毎日挨拶をかわすとき、心がざらつくような生活は、どんなに裕福でも幸福とは言えません。

つらいときほどおたがいを必要とできるような相手を探すのは、「条件の合う相手」を探すよりもむずかしいことだろうと思いますが、この時期の牡牛座の人々は、あえてそうしたことを目指していけるはずなのです。

愛を見つけやすいタイミングは、2024年4月末から5月、2025年5月末から7月、9月下旬から11月頭、2026年5月下旬から6月です。

さらに少々フライングですが2026年11月末以降、2028年前半にまたがって、特別な愛の時間が続きます。

・片思い中の人

3年全体を通して「未来」へのまなざしがシビアになります。「このままでいいのだろうか」「このままではいけない」という問題意識、危機感が、あなたを現実的な行動に突き動かすかもしれません。

どのような未来を実現したいか、と考えたとき、「この恋をこのままにしておいてよいのか？」という非常にリアルな態度が生まれ、そのことがあなたの行動を変えていくのです。

自分の未来に、自分で責任を負わなければならない。この思いが、あなたのふだんの生き方や選択を少しずつ変えます。あなたのまとう印象が変わり、周囲からの見る目が変わり、そこから恋愛模様も変化し始める、そんな展開になる可能性もあります。

２０２４年は「約12年に一度の、人生のターニングポイント」であり、状況を変える勇気がわく可能性の高いときです。人生の膠着状態を自分の力で変え、流れを新たにしようという思いがわき上がるのです。

また、ファッションやヘアスタイル、体型などが大きく変わるときでもあります。イメージチェンジをきっかけに、恋愛の物語が前向きに転がり出す人もいるはずです。

２０２５年6月から２０２６年6月は「コミュニケーションの時間」です。話しかけたり、誘ったりすることがかなり容易になるはずです。この時期に意中の人との距離がぐっと縮まるかもしれません。

・愛の問題を抱えている人

経済的な条件がからむ問題なら、遅くとも2024年以内に決着がつきそうです。離れたくても離れられない、いろいろな条件がからみ合って話し合いができない、といった状況も、2024年を境に変わります。しがらみのいくつかが消え去り、より建設的な方向を目指せます。

「将来への責任」「未来はどうなるのだろうという不安」が、この時期は非常にリアルな問題として浮上します。

それゆえに、これまでよりも真剣なスタンスで愛の問題に向き合えるようになるかもしれません。

「この先、自分の人生をどのようにしていくか」ということが、漠然とした遠い未来の話ではなくなるのです。

2024年から2025年は、あなたのセルフイメージが大きく変わるときでもあります。

たとえばこれまで、非常に強くて論理的な自己を生きようとしていた人、独立独歩・自由奔放な生き方を実現してきた人、「シャープな自分」「身軽な自分」を感じてきた人も、2026年ごろには厚みや深み、器の大きさ、やわらかな自己を体現するようになるかもしれません。

「何も置かないシンプルでスタイリッシュなキッチン」のような生き方に、「ゴタゴタといろんなものが置かれている、生活感のある台所」のような生き方を少し、取り入れてみようという動きが起こるのです。

このように「自分はこういう人間だ」「自分はこういう生き方をしていこう」といったイメージが変わるとき、愛の問題へのアプローチも大きく変わるはずです。

仕事、勉強、お金について

２０２０年ごろから仕事や社会的立場に関して、自信をなくしたり、目標を見失ってしまったりした人もいるでしょう。

コロナ禍もあって、対外的な活動が大きく制限され、徒労感や無力感に支配され、塞ぎ込んだような状態になっている人もいるかもしれません。

もしそんな状態に心当たりがあるなら、２０２４年からの3年間は、まったく違った景色が広がるはずです。

・社会的野心の時間

２０２４年から２０４３年までの長期にわたり、牡牛座の人々は激しい野心を燃やして徹底的にチャレンジすることになります。

社会的立場は大きく変わり、おそらく多くの人が、強大な「力」を手にするでしょう。場を支配する力、周囲の人を動かす力、財力、権力などを、みずから望んで握ることになるのです。

「そんな大げさな力はいらないし、そもそも非現実的で、自分とは関係ない」と感じている人も、どこかで心に「着火」されるような変化が生じます。小さな競争心や嫉妬心がいつのまにか大きく燃え上がり、「自分にも、もっと大きなことができるはず」という思いがわき上がります。

「力」を欲しがった人が、いつのまにか逆に「力」に支配され、振り回される。

そんなおとぎ話はとてもポピュラーです。

私たちは「力」に、非常に弱いのです。

若いときは純粋な社会正義に燃えていた人が、年齢を重ね、財力と権力を手にしたときには、若いころに憎んだ「俗物」そのものになっている、という物語は、いつの時代にもありふれた人生の風景です。

もとい「権力」というと何か遠いもののように感じる人もいるかもしれません。ですが、たとえば新入社員として会社に入り、必死にがんばるなかで、「あんな先輩のようには絶対になりたくない」と思ったのに、自分が同じ立場に立ってみたらあの先輩とほぼ同じように行動していた、といったことは、身近にもよく見られる現象ではないでしょうか。

「力」「立場」は、人に自分を見失わせます。

何を求め、何にあこがれ、何を尊敬していたかを忘れさせてしまいます。何かを激しく追い求めたとき、ほかの何かを見すごすことになります。

この時期から燃え上がり、20年ほども燃え続けるあなたの「野心」には、そんな危険性がまとわりついています。

あなたがこの先、手に入れるかもしれないものは、それほど強力で、強大なのです。

では、「野心」を否定し、捨て去るべきなのでしょうか。

決してそうではないと、私は思います。

熱すぎる野心を生きて、燃える炎に心を焼かれてみてはじめて、鍛え上げられる何かがあるのだろうと思うのです。

完全な安全だけを求め、元本保証だけをお守りにして生きることは、ここからのあなたにはむずかしいだろうと思いますし、たぶん、その必要もないのです。

ただ、大きなものを手に入れようとすることは、その大きなものと自分の「手の力」との闘いである、ということは、念頭に置くべきなのかもしれません。

私は東京ディズニーランドの「カリブの海賊」というアトラクションが大好きなのですが、そのなかに、金貨の山の上で踊る骸骨が出てきます。「力」を手に入れるか、「力」に乗っ取られるか。向こう20年ほどのなかで、そんな分岐点に立つ人もいるだろうと思います。

この3年のなかで、仕事において特に転機がきそうな熱い時間は、２０２４年１月から3月、10月下旬から２０２５年１月上旬、２０２５年10月末から２０２６年1月頭、２０２６年１月なかばから２月です。

特に２０２６年の頭は、かなり大きなキャリアのターニングポイントが巡ってきそうです。

・長期的学び、短期的学び

2008年ごろからひたむきに勉強を続けてきたあなたがいるはずです。熱い野心を燃やし、大きすぎる目標に向かって、ときには取り憑かれたように研究し、学び、吸収しようとし続けてきたのではないでしょうか。高すぎて手が届かないようなものに必死に手を伸ばすことで、いつのまにか大きく成長していたあなたがいるはずです。

このような、非常に「熱い」学びの季節が、2024年にひとまず「修了」となります。なんらかの世界から「卒業」する人もいるでしょう。

ここまでの学びは「たくさんの知識を身につける」こと以上に、あなたの人間的な力を強め、器を大きくする、という意味合いが強かったようです。ひとまわり大きな人間力を身につけて、ここからのあなたはその力を広い世界で使っていくことになります。

もう少し短いスパンでは、2024年の終わりから2026年6月まで、集中的な学びの時間がおかれています。

資格取得やスキルの習得などはとてもはかどるでしょう。また、周囲とのコミュニケーションを通して「伸びる」ときでもあります。ともに学ぶ仲間、学びの場を選ぶことは、とても重要です。

・お金について

2024年5月末から2025年6月上旬は、平たく言って「金運のいいとき」です。経済活動が一気に盛り上がり、たくさんの価値あるものを手に入れられるでしょう。

新たな経済的野心に火がつくときでもあり、あつかう額のケタが変わってくる、という人も少なくないはずです。

ただ、この時期はお金を借りてまで何かするというよりは、あくまで自分の手のなかにあるものを用いて活動を拡大しよう、というスタンスになるようです。他人の財を頼るより、まず自分の力でできることを、という発想がスタートラインです。

さらに2025年からは、経済活動にまつわる考え方が、大きく変化し始めます。2025年から2033年にかけて、「経済的自由」を模索することになるのです。この「自由」は、たとえば経済的な自立なのかもしれません。あるいは、「やりたいことをやるために必要なお金を最大限に手に入れる」ような自由なのかもしれません。

手持ち資金がやりたいことの制約となるような状態を脱するため、より大きな財を築こうとする人もいるはずなのです。

一方、モノを持つこと、お金を稼ぐこと自体から自由になろうとする人も少なくないでしょう。

いわゆる「ミニマリスト」のような生き方を目指し、生活全体を改革し始める人がいるはずなのです。

所有は、旅の荷物のようなもので、多ければ多いほど動きにくくなります。お金を稼ぐことに注力すれば、当然、ほかのことに割く時間が失われます。

「人生の真のゆたかさとは何か」を考えたとき、「お金や財から離れよう」という発想に至る人はたくさんいます。

この時期のあなたももしかすると、そんな考えに魅力を感じるようになるかもしれません。

たとえば子育てが一段落したり、ローンが終わったりすると、お金の使い方が大きく変わります。生活における主要な消費の目的が変わるので、「では、何をしようか」というテーマが浮上するのです。

この2025年以降、そんなテーマに直面する人もいるかもしれません。

今まで経済活動において最優先としてきたこと、最善の目的と考えてきたことが目の前から消えたとき、「では、次に何を優先するのか」という問いが生まれるのです。この問いに答えることで、人生の新たな方向性を見つける人もいるだろうと思います。

家族、居場所について

この3年を通して、身近な人、家族、「身内」と呼べる人々とすごす時間は、とてもゆたかなものになるでしょう。

また、「身内・家族」が増える可能性もあります。

新しくできた「身内」と心から慣れ親しむには、時間も手間もかかるものですが、この時期のあなたには心をなじませてゆくプロセスを、楽しむ余裕があるはずです。

特に2025年なかばから2027年なかばにかけての時間、あなたの生活環境はどんどんゆたかに、にぎやかになっていきます。

・内なる結びつきが、外界との接点を作る

社会的成功だけに価値を置く人は、家族を足手まといに感じたり、家族に対する労力を純粋な「コスト」だと考えてしまいがちです。

でも、少なくともこの時期は、そうした考え方はフィットしないはずです。

身近な人とともにあることを「閉じている」「新しい経験ができない、社会的広がりがない」「内向きである」「消極的・非生産的な態度だ」と考えがちな人もいますが、この時期はそれも誤りです。

身近な人々と濃密な時間を重ねていくことこそ、この時期は世界への広がりや成長につながるのです。

特に2025年から2027年は、ただ単に外へ外へと意識を向けることは、徒労に終わるかもしれません。

むしろ、まず身内や家族との関係にどっぷり浸かり、そのリアリティを濃密に生

きることによって、「外」に出たときに物事が輝いて見えてくるのです。

内的な経験の足りていない人がむきだしで外に出て行っても、外界と内界をつなぐ手掛かりをつかめぬまま「通り過ぎていく」だけになってしまいます。

それでは、自分と世界のつながりを紡ぐことはできません。

自分自身が、身内、家族といった存在と深く強く結びつき直すことで、外に出たときに新たな「意味」をつかむことができるようになるのです。

２０２５年からの数年間は、そうした「内なる結びつき」を強化することができるときです。対外的な野心がだんだんと強まっていく面はあるのですが、いきなり最初から外に飛び出してしまうよりも、まず内なるものをあたため直すところから始めるほうが、近道です。

・「分離」の終わり

２０１８年ごろから自立心や独立心が強まっていたぶん、身近な人に頼ったり甘えたりすることが、できにくくなっていたかもしれません。家族から距離を置き、自分個人の力を試すことに注力していた人もいるでしょう。

２０２５年くらいから、そうした「分離」する感覚が弱まります。ゆえに、家族や身内の存在が、ぐっと近くに感じられるようになるでしょう。身近な人の心の温度、あたたかさに触れて、緊張し、かじかんでいた心がほぐれていく、という実感を持つ人も少なくないはずです。

２０１８年ごろから「ひとりで生きていこう」と心に決めていた人も、２０２５年ごろからその決意が揺らぐかもしれません。

「家族を持つのも、いいかも」というほんのりした思いが生まれ、２０２７年までに家庭を作る人もいるだろうと思います。

・「住処」の建設

2024年から2027年、物理的に「住み替える」人も多そうです。引っ越ししたり、移住したり、家を買ったり、建て替えたり、といったことが起こりやすくなっています。

住処を新たに作るのは大変な作業ですが、住まいはイコール「避難所」でもあります。

住処さえしっかりしていれば、外に出て多少しんどいことがあっても、大丈夫なのです。

心を、人生を、幸福を守るために、自分に合った住処を作ることは、贅沢ではなく、非常に重要な「リスク管理」です。

2025年以降は特に、「自分の心を守り、癒やし、救うための場所」としての住まいを意識することになるでしょう。

そこに戻ればかならず安心できる場所、逃げ込める場所があれば、外に出たとき、より勇敢に、大胆になれるのです。

この3年で悩んだときは――「世界」について

私たちは何もわからぬままこの世界にぽこんと産み落とされ、ほとんど一生をかけて、この世界を理解しようとし続けます。


「この世界はいったいどういう場所なのだろう？」

「ここに自分のための場所はあるのかな？」

「この世界は自分を必要としているのだろうか？」

「この世界にいてもいいのだろうか？」

「この世界で自分がやるべきことはなんだろうか？」

そんな問いを胸のうちに感じたことがない人は、たぶん、あまりいないのではないでしょうか。

人生のなかでは、世界全体から大歓迎され、祝福されているように感じる場面もありますが、一方で、世界全体から見捨てられたような気持ちになることも多々、あります。

特に物事がうまくいかないとき、未来の見通しが立たないとき、周囲の人々との人間関係に問題を抱えたときなどは、「この世界で、自分には居場所がない」と思えます。

この世界と自分のあいだに、はたしてなんらかのつながりはあるのか。

おそらく、人生を終えるまで、私たちはこのことを問い続ける生き物なのかもしれません。

２０２４年から２０２６年にかけて、もしあなたが深い悩みを抱えるとするなら、その悩みはこの問いと結びついていそうです。世界で自分だけがひとり、置いてきぼりにされたような気がするかもしれません。すべて意味のあることは終わってしまって、未来に何も自分を待っているものがない、という寂寥に支配されることもあるかもしれません。たくさん人がいればいるほど孤独を感じたり、周囲から助けを求められるほどに自分の苦悩をひとりぼっちで抱え込まざるを得なくなったりするのかもしれません。

この3年のなかで、もしあなたがそんな気持ちになったなら、ひとまず、外界や未来を見つめようとするのを、やめてみてはと思います。「友だちがひとりもいない」とか「だれも自分を見てくれない」「自分の人生にはこの先、何もない」などという思いは、外界や未来に目を向けたときに生まれる悩みです。

他人と自分を比較したり、目の前にない将来のことをあれこれ想像したりしたときに生じるのが、これらの悩みです。

「外」「未来」ではなく、今目の前にあるもの、手のなかにあるもの、さわれるもの、話せる相手などに注目すると、前述のような悩みは少し、やわらぎます。

「世界から放り出されたような孤独、寂寥、絶望感」がゆるみ、五感を通して関わるものたちとのミクロコスモスに、たしかな自分を見つけることができます。

私たちは、注目しているものしか認識できません。

未来や外界など「今ここにないもの」に目を向けるとき、「今ここにあるもの」が目に入らないのです。

でも、この3年という時間のなかではいつも、あなたにとって「今ここにあるもの」こそがもっとも饒舌であり、ゆたかなのです。

手元、足元にこそ見るべきものがあります。

さらに言えば、この時期はそこにこそ「世界」があるのです。

未来も、世界も、「いまここ」と地続きです。

未来や世界が見えないと思えるのは、実は「いまここ」を見失ったときなのだと思います。

「いまここ」に思いを注ぎ、たしかに立っている自分の足を感じたとき、自然に未来もあたたかく地に足の着いた、活き活きとしたものに見えてきます。

２０２４年からの3年のなかで、あなたが感じた不安や悩みは、あなたのいちばん近くにあるものが吹き払ってくれるだろうと思います。

福の神は、幸福の青い鳥は、少なくともこの時期、あなたの手の届くところにいてくれるはずなのです。

4

3年間の星の動き

2024年から2026年の星の動き

星占いにおける「星」は、「時計の針」です。

12星座という「時計の文字盤」を、「時計の針」である太陽系の星々、すなわち太陽、月、地球を除く7個の惑星と冥王星（準惑星です）が進んでいくのです。

ふつうの時計に長針や短針、秒針があるように、星の時計の「針」である星たちも、いろいろな速さで進みます。

星の時計でいちばん速く動く針は、月です。月は1カ月弱で、星の時計の文字盤である12星座をひと巡りします。ですから、毎日の占いを読むには大変便利ですが、本書であつかう「3年」といった長い時間を読むには不便です。

年単位の占いをするときまず、注目する星は、木星です。木星はひとつの星座に1年ほど滞在し、12星座を約12年でまわってくれるので、年間占いをするのには大変便利です。

さらに、ひとつの星座に約2年半滞在する土星も、役に立ちます。土星はおよそ29年ほどで12星座を巡ります。

もっと長い「時代」を読むときには、天王星・海王星・冥王星を持ち出します。

本書の冒頭からお話ししてきた内容は、まさにこれらの星を読んだものですが、本章では、木星・土星・天王星・海王星・冥王星の動きから「どのように星を読んだのか」を解説してみたいと思います。

木星：1年ほど続く「拡大と成長」のテーマ
土星：2年半ほど続く「努力と研鑽」のテーマ
天王星：6～7年ほどにわたる「自由への改革」のプロセス
海王星：10年以上にわたる「理想と夢、名誉」のあり方
冥王星：さらにロングスパンでの「力、破壊と再生」の体験

2024年から2026年の「3年」は、実はとても特別な時間となっています。というのも、長期にわたってひとつの星座に滞在する天王星・海王星・冥王星の3星が、そろって次の星座へと進むタイミングだからです。

天王星は2018年ごろ、海王星は2012年ごろ、冥王星は2008年ごろ、それぞれ前回の移動を果たしました。この「3年」での移動は、「それ以来」の動きということになります。

たとえば、前々回天王星が牡羊座入りした2011年は東日本大震災が、冥王星が山羊座入りした2008年はリーマン・ショックが起こるなど、長期的な時間を刻む星々が「動く」ときは、世界中が注目するようなビビッドな出来事が起こりやすいというイメージもあります。

もちろん、これは「星の影響で地上にそうした大きな出来事が引き起こされる」ということではなく、ただ私たち人間の「心」が、地上の動きと星の動きのあいだに、そのような象徴的照応を「読み取ってしまう」ということなのだと思います。

とはいえ、私がこの稿を執筆している2022年の終わりは、世界中が戦争の緊張に心を奪われ、多くの国がナショナリズム的方向性を選択しつつある流れのなかにあります。また、洪水や干ばつ、広範囲の山火事を引き起こす異常気象に、世界の多くのエリアが震撼する状況が、静かにエスカレートしている、という気配も感じられます。

この先、世界が変わるような転機が訪れるとして、それはどんなものになるのか。

具体的に「予言」するようなことは、私にはとてもできませんが、長期的な「時代」を司《つかさど》る星々が象徴する世界観と、その動きのイメージを、簡単にではありますが以下に、ご紹介したいと思います。

ちなみに、「3年」を考える上でもっとも便利な単位のサイクルを刻む木星と土星については、巻末に図を掲載しました。過去と未来を約12年単位、あるいは約30年スパンで見渡したいようなとき、この図がご参考になるはずです。

・海王星と土星のランデヴー

2023年から土星が魚座に入り、海王星と同座しています。2星はこのままよりそうようにして、2025年に牡羊座に足を踏み入れ、一度魚座にそろって戻ったあと、2026年2月には牡羊座への移動を完了します。

魚座は海王星の「自宅」であり、とても強い状態となっています。海王星は

2012年ごろからここに滞在していたため、2025年は「魚座海王星時代、終幕の年」と位置づけられるのです。

牡牛座から見て、魚座は「友だち、仲間、希望、夢、未来、自由、フラットなネットワーク、個人としての社会参加」などを象徴する場所です。

この場所に土星と海王星が同座する時間、牡牛座の人々は仲間や友だちとの関わりを、非常に真剣な、まじめな、ときには深刻なものとしてとらえることになるかもしれません。

土星は「制限」と「時間」の星ですから、みんなでわいわいやるというよりは、少数の人々と時間をかけて関わる傾向が出ます。

友だちから非常に深刻な問題について相談を受けたり、窮地に陥った仲間に粘り強くよりそったりする人もいるでしょう。友を救うためになんらかの犠牲を払う人、仲間に対して大きな責任を背負う人もいるかもしれません。

世の中には、友だちがたくさんいることを誇りとしたり、著名人や力のある人と交友関係があることを自慢したりする人がいます。「あの人は友だちがいない」というフレーズが悪口となることもあるようです。

でも、その「友だち」とのつきあいの深さ、真剣さはいったい、どのようなものでしょうか。

もし、ひとりの友と人生の深さを本気で分かち合ったことがあるなら、「友だちがたくさんいることが自慢になる」とは、とても思えないだろうと思うのです。そんなことは、たくさんの人々とできることではありません。人間と人間が信頼し合ったり、尊敬し合ったりすることは、「たくさんあればあるほどよい」というような浅薄な営為ではないはずです。

家族でもない、雇用関係も立場の上下も支配関係もない、利害関係者でもない、

「友」。

この不思議な存在について、2024年から2026年頭、あなたは新しい体験をすることになるだろうと思います。

その人と、あるいは「その人たち」と、真剣な、精神的な交流を生きることによって、あなた自身がひとまわりもふたまわりも大きく成長を遂げることになるのです。

また、ここは「夢」を司る場所でもあります。

夢をただ夢として思い描くのではなく、夢を現実に変えるために現実的なアクションを起こせるのがこの時期です。

夢が現実になると、ただ夢見ていたときには想像もしなかったシビアな状況がさまざまに出来《しゅったい》します。

ただキラキラと美しかった夢が、つらく複雑な現実として自分を取り巻き「こんなはずではなかった」と感じられることもあるかもしれません。

ですが、「現実となった夢」のなかにこそ、はじめて見いだせる幸福や価値もあるはずなのです。

この時期、あなたの夢はあなたの手によって叶えられていきます。

その道は決して平坦なものではなく、峻厳《しゅんげん》な山をよじ登るような道行きかもしれませんが、それでも夢が叶うことは、あなたの人生にとって大きな喜びとなるはずです。

簡単に叶う夢や、想像どおりの現実などは、たいして価値あるものとは感じられません。

大変な思いをしてその場所に這い上がること、そして想像もしなかった景色を見ることこそが、「夢を叶える」醍醐味です。

この時期はそんな、夢の醍醐味を味わえるはずなのです。

２０２３年以降、夢や希望を持つことに対して、悲観的になっている人もいるでしょう。「どうせ叶わない」と夢に背を向ける人もいるはずです。

また、友や仲間に、「どうせわかり合えない」と感じたり、失望させられて遠ざかったりする人もいるかもしれません。

夢をあきらめ、孤独のなかに身を置き、ただ自分の内なる幻想的な夢のなかに閉じこもる人も少なくないかもしれません。

もしそうした冷たく閉ざされた日々をすごすことになったとしても、２０２５年あたりから、救いを求めてわずかに心を開ける時間がやってきます。

２０２５年をおおまかな境として、海王星と土星はそろって牡羊座に入ります。この動きは「救いへの道」が開かれることを示しています。

牡羊座は牡牛座の人々にとって、「救い、犠牲、救済、秘密、過去」などを象徴する場所です。未来に対して閉ざされた心が一転して、過去にまなざしを向けたとき、不思議と、未来への道が開かれ始めるのです。

・木星と天王星、発展と成長のルート

成長と拡大と幸福の星・木星は、この3年をかけて、牡牛座から獅子座までを移動します。

特徴的なのは、この時期天王星も、木星を追いかけるようにして牡牛座から双子座へと移動する点です。天王星が牡牛座入りしたのは2018年ごろ、2024年に入る段階では、木星とこの天王星が牡牛座で同座しています。2025年、木星は6月上旬まで双子座に滞在します。追って7月7日、天王星が双子座へと入宮するのです。

天王星と木星に共通している点は、両者が自由の星であり、「ここではない、どこか」へと移動していく星であるということです。何か新しいものや広い世界を求

めて、楽天的にどんどん移動していこう、変えていこうとするのが2星に共通する傾向です。

2星には違いもあります。

木星は拡大と成長の星で、膨張の星でもあります。物事をふくらませ、袋のようにぽんぽんいろんなものをなかに入れていくことができる、ゆたかさの星です。一方の天王星は、「分離・分解」をあつかいます。「改革」の星でもある天王星は、古いものや余計なものを切り離していく力を象徴するのです。天王星が「離れる」星なら、木星は「容れる」星です。

２０２４年のスタートラインで、この2星が牡牛座、つまりあなた自身を象徴する場所に位置しています。「分離」の自由、そして「拡大・繁茂」する自由の両方を、２０２４年の入り口のあなたは、すでにめいっぱい生きているということになります。

本書の冒頭から述べてきたように、「より自由に、よりゆたかに生きるにはどうしたらいいか？」というテーマが、この「3年」のあなたの出発点なのです。

この3年をかけて、あなたはその問いにいくつかの答えを見つけることになります。

この問いへの答えは完全オーダーメイドです。だれかに教えてもらえたり、だれかの真似をしたりすることはあり得ません。正解はあなたのなかにある歯車と、世界の歯車とがかみ合った場所に見つかります。

2024年なかばから木星が入り、2025年なかばから天王星が入る双子座は、牡牛座の人々から見て「お金、所有、獲得、経済活動」などを象徴する場所です。2024年5月末から2026年6月頭は、経済活動が一変する時間となるでしょう。ストレートに「ゆたかになる」ときですし、新しい経済的取り組みを始める人も多いはずです。

木星はさらに2025年なかば以降、牡牛座の人々から見て「コミュニケーション、学び、移動、兄弟姉妹、地域コミュニティ」の部屋、「居場所・家族」の部屋へと歩を進めます。

家族や地域の人々、「身内」と呼べる人々との関わりが活性化します。家族が増えたり、身近な人々との立場性、役割分担が一変したりするときです。

また、引っ越し、住み替えが起こりやすいときでもあります。

時間をかけて自分がいるべき場所を探し、新たな世界に「根を下ろす」プロセスを経験する人もいるはずです。

・冥王星の移動

2024年11月、冥王星が山羊座から水瓶座への移動を完了します。

この移動は2023年3月から始まっており、逆行、順行を繰り返して、やっと

2024年に「水瓶座へ入りきる」ことになるのです。冥王星が山羊座入りしたのは2008年、前述のとおりリーマン・ショックが起こったタイミングでした。

冥王星は「隠された大きな財、地中の黄金、大きな支配力、欲望、破壊と再生、生命力」等を象徴する星とされます。この星が位置する場所の担うテーマは、私たちを否応ない力で惹きつけ、支配し、振り回し、絶大なるエネルギーを引き出させたあと、不可逆な人間的変容を遂げさせて、その後静かに収束します。

2008年から冥王星が位置していた山羊座は、牡牛座から見て「冒険、学び、遠方への旅、移動、専門分野、親戚縁者」などを象徴する場所です。2008年ごろからスケールの大きな「移動」を経験した人も多いはずです。

この間の「移動」は一度だけにとどまらなかったかもしれません。ある場所に移住したところ、そこで諸事情あって居着くことができず、またほかの場所に移動を強いられる、といったこともあったのではないかと思います。

牡牛座の人々はひとつの場所に長く暮らすことを愛する傾向があるので、この変転は苦労が多かったはずです。

ですがそうした長い流浪を乗り越えて今、「ここだ」と思える場所にたどり着けたのではないかと思います。

またこの間、自分の専門分野を新たに開拓し、たしかな実力を身につけた人もいるでしょう。

過去15年ほどのなかで苦労して身につけた力は、今後のあなたにとって最強の、圧倒的な武器となります。

2024年、冥王星が移動していく先の水瓶座は、牡牛座から見て「社会的立場、キャリア、仕事、目標」などを象徴する場所です。

これ以降、新たな野心があなたの胸に燃え始めます。

冥王星は強烈な思いを燃え上がらせ、人をなんらかの行動に駆り立て、圧倒的な力で振り回して限界を超えさせ、一気に築き上げた大きなものをその自重で一瞬のうちに破壊したりします。

ここから20年近くにわたり、あなたは激しい野心を生き、社会的に大成功を収めたり、大きな権力を握ったりすることになるかもしれません。

そしてあるとき、その大成功、権力、すばらしい立場を失うこともあるかもしれません。

ですがあなたはそこであきらめることなく、学びを得た上でよりたしかな立場と力を、ふたたび身につけてゆくことになるのです。

冥王星は「大きすぎる力」です。

自分の手にあまるような大きな力を手にしたとき、だれもがその力に飲み込まれます。

この「圧倒的な力の体験」は、人生における、ある種のイニシエーションのような意味を持っています。

命が大きな力に焼かれ、鍛え上げられて新しい生命力を吹きこまれる。

この２０２４年から２０４３年までの長い時間をかけて、牡牛座の人々は仕事や社会的立場において、そうした経験を通り抜けてゆくことになります。

5

牡牛座の世界

牡牛座について

牡牛座の「牡牛」は、普通の牛ではありません。

ギリシャ神話の最高神ゼウスが、フェニキアの王アゲノルの娘、エウロペに近づこうとして変身した姿です。

真っ白な美しい牡牛に心惹かれ、なでさすり、たわむれかかったエウロペがふと、その背にまたがると、牛は彼女を乗せてまっしぐら、海に向かって走り出しました。

海を越えて牛と少女がたどり着いた地は、彼女の名にちなみ今も「ヨーロッパ」と呼ばれています。

彼女はそこでゼウスとのあいだに、3人の子どもを産みました。

牡牛座はギリシャ神話以前、メソポタミア文明までさかのぼる古い星座で、月と太陽の次に明るい星・金星と結びつけられてきました。

さらに、西洋占星術において、月はこの牡牛座に位置するとき、「高揚（イグザルテーション）」、つまり強力な状態となる、とされています。

エウローペーというのは、満月の同意語である「ひろい顔」の意味で、月の女神であるレパデイアのデーメーテール、およびシドーンのアスタルテーの異名なのである。

『ギリシア神話』ロバート・グレーヴス著　高杉一郎訳　紀伊國屋書店

このように、牡牛座は、月とも関連の深い星座なのです。

月は蟹座の支配星でもありますが、牡牛座と結びつけられた月のイメージと、蟹座のそれとは、微妙な差異があるような気がします。

月は母なるもの、育むもの、守るもの、変容するもの、あたたかな湿ったものです。

蟹座的な月のイメージは、しっかりと巣穴に守られて産み育てる、深い心の結びつきのイメージです。

一方の牡牛座的な月は、大地母神的なイメージ、天空に開かれてなおどっしりと揺るがない、「土壌」「地熱」のイメージなのです。

蟹座的な月は風雨から大切なものを守り抜く力を象徴しますが、牡牛座的な月は天の恵みを地に受け取る力を示します。

牡牛座は、宇宙に向かって開かれていながら、決して揺るがない、地球そのもののようでもあります。

豊饒、ゆたかさ、産むこと、生まれること。

枯れ木に葉がふさふさと茂り、ふたりだった人間が3人になり、大地がゆたかな作物をもたらすのは、考えてみれば実に不思議なことです。

こうした「ゆたかさ」を、私たちは科学の用語でとらえることに慣れきっていますが、どんなに仕組みを理解しても、その魔法のような「ふしぎさ」は、消えてしまうことがありません。

牡牛座の世界は、美しいもの、ゆたかなもので満ちています。豊饒の星座、生きる意味と価値の星座、躍動し、奏で、育む星座です。

命ある美は、時間のなかにいつか滅びて消えますが、それゆえに造花よりも生花の美を、私たちは愛し貴びます。

とはいえ、牡牛座の世界には「儚《はかな》さ」は少しも似合いません。

芸術家たちは花や美女の美しさを描きますが、そこには、ただ姿かたちの美しさではなく、それらが「生きている」ということの不思議さのほうが写しとられているように思われます。

私たちは冷たく動かない彫像に触れて、無意識に、心の動きや肌のやわらかさ、あるかもしれない微かな温度をとらえようとします。

私たちが芸術を愛し、美を愛するとき、それは同時に、「生命」を愛していると言えるかもしれません。


牡牛座は物質の星座であり、快美の星座であり、五感でとらえうるすべての価値の星座ですが、それは決して「物質主義」ではありません。

いのちが躍動し、時間が移り変わり、天地が巡り巡る、その動きのなかにある「美」の正体を、牡牛座の人々は生涯かけて、追いかけ続けるのだろうと思います。

おわりに

これでシリーズ4作目となりました「3年の星占い」、お手にとってくださって誠にありがとうございます。

これまで毎回、冒頭にショートショートを書いてきたのですが、今回はあえて小説の形式をやめ、「象徴の風景」を描いてみました。

というのも、2024年から2026年は長い時間を司る星々が相次いで動く、特別な時間だったからです。天王星、海王星、冥王星の象徴する世界観は、無意識や変革、再生といった、かなり抽象的なテーマを担っています。日常語ではとらえにくいことをたくさん書くことになるので、思いきって「シンボル」自体にダイレクトに立ち返ってみよう、と思った次第です。

もとい、これまでの冒頭のショートショートにも、たくさんの象徴的隠喩を仕込んできました。あの短い小説のなかに、「3年」のエッセンスをぎゅっと詰め込む工夫をするのは、毎回、私の大きな楽しみでした。ただ、あのような「匂わせ」のかたちでは、今度の「3年」の大きさ、力強さが表しにくいと思ったのです。

「花言葉」が生まれたのは、直接思いを言葉にすることがマナー違反とされた時代だったそうです。心に秘めた思いを花に託して、人々はメッセージを伝えようとしたのです。「あなたを愛しています」と伝えるために、真っ赤なバラを贈るしかなかった世の中では、すべてのものがメッセージに見えていたのかもしれません。赤いバラを手渡して、相手に愛を理解してもらおうとするのは、「隠喩」「アナロジー」の原点だろうと思います。

当たるか当たらないかにかかわらず、「牡牛座の人に、向こう3年、何が起こるか」ということを個別具体的に書くことはほぼ、不可能です。というのも、「牡牛座の人」といっても十人十色、本当にさまざまな立場、状況があるはずだからです。可能性のあるすべての出来事を箇条書きにするようなことができなくはないかもしれませんが、それでは、なんのことだかかえってわからなくなってしまいます。ゆえに、こうした占いの記事は「隠喩」でいっぱいにならざるを得ません。

かのノストラダムスも、直接的な表現はほとんどしていません。彼は詩で占いを書き、後世の人々がその隠喩をさまざまに「解読」しようとしました。本書のような生活に根ざした「実用書」であっても、読み手側のすることはほとんど変わらないように思えます。すなわち、自分に起こりそうな出来事、すでに起こっている出来事と占いを照らし合わせ、そのシンボリズムを解読、デコードしていくのです。

ゆえに占いは、どんなに現実的なものであっても、「謎解き」の部分を含んでいて、神秘的です。そこには、解読されるべき秘密があるのです。

そして私たちの心にもまた、それぞれに自分だけの秘密があります。だれもがスマートフォンでSNSに接続し、どんなことでもテキストや動画で伝え合って「共有」している世の中では、まるで秘密などないようにあつかわれています。ですがそれでも、私たちの心にはまだ、だれにも打ち明けられない秘密があり、内緒話があり、まだ解かれない謎があります。

だれかに語った瞬間に特別なきらめきを失ってしまう夢もあります。だれの胸にもそんな、大切に守られなければならない秘密や夢があり、その秘密や夢を、希望といううっすらとした靄《もや》がくるみこんでいるのだと思います。

これだけ科学技術が発達してもなお、占いは私たちの「心の秘密」の味方です。本書が、この3年を生きるあなたにとって、ときどき大切な秘密について語り合えるささやかな友となれば、と願っています。

太陽星座早見表
（1930 ～ 2027年／日本時間）

太陽が牡牛座に入る時刻を下記の表にまとめました。
この時間以前は牡羊座、この時間以後は双子座ということになります。

生まれた年	期　　間
1954	4/21 0:20 ～ 5/21 23:46
1955	4/21 5:58 ～ 5/22 5:23
1956	4/20 11:43 ～ 5/21 11:12
1957	4/20 17:41 ～ 5/21 17:09
1958	4/20 23:27 ～ 5/21 22:50
1959	4/21 5:17 ～ 5/22 4:41
1960	4/20 11:06 ～ 5/21 10:33
1961	4/20 16:55 ～ 5/21 16:21
1962	4/20 22:51 ～ 5/21 22:16
1963	4/21 4:36 ～ 5/22 3:57
1964	4/20 10:27 ～ 5/21 9:49
1965	4/20 16:26 ～ 5/21 15:49
1966	4/20 22:12 ～ 5/21 21:31
1967	4/21 3:55 ～ 5/22 3:17
1968	4/20 9:41 ～ 5/21 9:05
1969	4/20 15:27 ～ 5/21 14:49
1970	4/20 21:15 ～ 5/21 20:36
1971	4/21 2:54 ～ 5/22 2:14
1972	4/20 8:37 ～ 5/21 7:59
1973	4/20 14:30 ～ 5/21 13:53
1974	4/20 20:19 ～ 5/21 19:35
1975	4/21 2:07 ～ 5/22 1:23
1976	4/20 8:03 ～ 5/21 7:20
1977	4/20 13:57 ～ 5/21 13:13

生まれた年	期　　間
1930	4/21 5:06 ～ 5/22 4:41
1931	4/21 10:40 ～ 5/22 10:14
1932	4/20 16:28 ～ 5/21 16:06
1933	4/20 22:18 ～ 5/21 21:56
1934	4/21 4:00 ～ 5/22 3:34
1935	4/21 9:50 ～ 5/22 9:24
1936	4/20 15:31 ～ 5/21 15:06
1937	4/20 21:19 ～ 5/21 20:56
1938	4/21 3:15 ～ 5/22 2:49
1939	4/21 8:55 ～ 5/22 8:26
1940	4/20 14:51 ～ 5/21 14:22
1941	4/20 20:50 ～ 5/21 20:22
1942	4/21 2:39 ～ 5/22 2:08
1943	4/21 8:32 ～ 5/22 8:02
1944	4/20 14:18 ～ 5/21 13:50
1945	4/20 20:07 ～ 5/21 19:39
1946	4/21 2:02 ～ 5/22 1:33
1947	4/21 7:39 ～ 5/22 7:08
1948	4/20 13:25 ～ 5/21 12:57
1949	4/20 19:17 ～ 5/21 18:50
1950	4/21 0:59 ～ 5/22 0:26
1951	4/21 6:48 ～ 5/22 6:14
1952	4/20 12:37 ～ 5/21 12:03
1953	4/20 18:25 ～ 5/21 17:52

生まれた年	期間
2003	4/20 21:04 ～ 5/21 20:12
2004	4/20 2:51 ～ 5/21 1:59
2005	4/20 8:38 ～ 5/21 7:47
2006	4/20 14:27 ～ 5/21 13:32
2007	4/20 20:08 ～ 5/21 19:12
2008	4/20 1:52 ～ 5/21 1:01
2009	4/20 7:45 ～ 5/21 6:51
2010	4/20 13:31 ～ 5/21 12:34
2011	4/20 19:19 ～ 5/21 18:21
2012	4/20 1:13 ～ 5/21 0:16
2013	4/20 7:04 ～ 5/21 6:10
2014	4/20 12:57 ～ 5/21 11:59
2015	4/20 18:43 ～ 5/21 17:45
2016	4/20 0:31 ～ 5/20 23:37
2017	4/20 6:28 ～ 5/21 5:31
2018	4/20 12:14 ～ 5/21 11:15
2019	4/20 17:56 ～ 5/21 16:59
2020	4/19 23:47 ～ 5/20 22:49
2021	4/20 5:35 ～ 5/21 4:37
2022	4/20 11:25 ～ 5/21 10:23
2023	4/20 17:15 ～ 5/21 16:09
2024	4/19 23:01 ～ 5/20 22:00
2025	4/20 4:57 ～ 5/21 3:55
2026	4/20 10:40 ～ 5/21 9:37
2027	4/20 16:19 ～ 5/21 15:18

生まれた年	期間
1978	4/20 19:50 ～ 5/21 19:07
1979	4/21 1:35 ～ 5/22 0:53
1980	4/20 7:23 ～ 5/21 6:41
1981	4/20 13:19 ～ 5/21 12:38
1982	4/20 19:07 ～ 5/21 18:22
1983	4/21 0:50 ～ 5/22 0:05
1984	4/20 6:38 ～ 5/21 5:57
1985	4/20 12:26 ～ 5/21 11:42
1986	4/20 18:12 ～ 5/21 17:27
1987	4/20 23:58 ～ 5/21 23:09
1988	4/20 5:45 ～ 5/21 4:56
1989	4/20 11:39 ～ 5/21 10:53
1990	4/20 17:27 ～ 5/21 16:36
1991	4/20 23:08 ～ 5/21 22:19
1992	4/20 4:57 ～ 5/21 4:11
1993	4/20 10:49 ～ 5/21 10:01
1994	4/20 16:36 ～ 5/21 15:47
1995	4/20 22:21 ～ 5/21 21:33
1996	4/20 4:10 ～ 5/21 3:22
1997	4/20 10:03 ～ 5/21 9:17
1998	4/20 15:57 ～ 5/21 15:04
1999	4/20 21:46 ～ 5/21 20:51
2000	4/20 3:39 ～ 5/21 2:48
2001	4/20 9:37 ～ 5/21 8:44
2002	4/20 15:22 ～ 5/21 14:29

石井ゆかり（いしい・ゆかり）

ライター。星占いの記事やエッセイなどを執筆。情緒のある文体と独自の解釈により従来の「占い本」の常識を覆す。１２０万部を超えた「12星座シリーズ」のほか、多くのベストセラー&ロングセラーがある。『月で読む　あしたの星占い』『新装版 12星座』（すみれ書房）、『星占い的思考』（講談社）、『禅語』『青い鳥の本』（パイインターナショナル）、『星ダイアリー』（幻冬舎コミックス）ほか著書多数。

ＬＩＮＥや公式Ｗｅｂサイト、Ｉｎｓｔａｇｒａｍ、Ｔｈｒｅａｄｓ等で毎日・毎週・毎年の占いを無料配信中。

公式サイト「石井ゆかりの星読み」https://star.cocoloni.jp/

インスタグラム　@ishiiyukari_inst

[参考文献]

『完全版 日本占星天文暦 1900年～2010年』
魔女の家BOOKS　アストロ・コミュニケーション・サービス

『増補版 21世紀占星天文暦』
魔女の家BOOKS　ニール・F・マイケルセン

『Solar Fire Ver.9』（ソフトウエア）
Esotech Technologies Pty Ltd.

[本書で使った紙]

本文	アルトクリームマックス
口絵	OK ミューズガリバーアール COC ナチュラル
表紙	バルキーボール白
カバー	ジェラード GA プラチナホワイト
折込図表	タント Y-11

すみれ書房
石井ゆかりの本

新装版 12星座

定価 本体1600円＋税
ISBN978-4-909957-27-6

生まれ持った性質《しくみ》の、深いところまでわかる、星占い本のロングセラー。

星座と星座のつながりを、物語のように読み解く本。
牡羊座からスタートして、牡牛座、双子座、蟹座……魚座で終わる物語は、読みだしたら止まらないおもしろさ。各星座の「性質」の解説は、自分と大切な人を理解する手掛かりになる。仕事で悩んだとき、自分を見失いそうになるとき、恋をしたとき、だれかをもっと知りたいとき。人生のなかで何度も読み返したくなる「読むお守り」。

イラスト：史緒　ブックデザイン：しまりすデザインセンター

3年の星占い　牡牛座
2024年-2026年

2023年11月20日第1版第1刷発行

著者
石井ゆかり

発行者
樋口裕二

発行所
すみれ書房株式会社
〒151-0071　東京都渋谷区本町6-9-15
https://sumire-shobo.com/
info@sumire-shobo.com〔お問い合わせ〕

印刷・製本
中央精版印刷株式会社

ISBN978-4-909957-30-6　Printed in Japan
NDC590　159 p　15cm